23 Décembre 1908

marqué PN

VENTE

Du Mercredi 23 Décembre 1908

HOTEL DROUOT, SALLE N° 6

A DEUX HEURES ET DEMIE

TABLEAUX ANCIENS

DESSINS

COMMISSAIRE-PRISEUR

Mᵉ HENRI BAUDOIN

Successeur de Mᵉ Paul CHEVALLIER

EXPERT

M. JULES FÉRAL

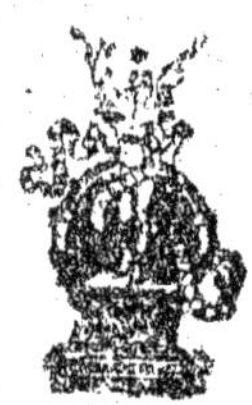

CATALOGUE

DES

TABLEAUX ANCIENS

PAR

C. AMBERGER, FRA BARTOLOMMEO, N. BERGHEM, B. DE BRUYN,
CIMA DA CONEGLIANO, COELLO, COYPEL,
VAN DELEN, DESHAYES, DOYEN, TH. GOOD, JORDAENS, DE LA FOSSE,
LAGRENÉE, LAJOUE, LE PRINCE,
MANS, MOLENAAR, MORALÈS, PILLEMENT, RAOUX, HUBERT ROBERT,
SWEBACH, D. TENIERS, TOURNIÈRES, DETROY, S. DE VLIEGER,
M. DE VOS, WYNANTS, ETC., ETC.

Primitifs des Ecoles Allemande et Italienne

DESSINS

DONT LA VENTE AURA LIEU A PARIS

HOTEL DROUOT, SALLE Nº 6

Le Mercredi 23 Décembre 1908

A DEUX HEURES ET DEMIE

COMMISSAIRE-PRISEUR
Mᵉ HENRI BAUDOIN
Successeur de M. PAUL CHEVALLIER
10, rue Grange-Batelière.

EXPERT
M. JULES FÉRAL
7, rue Saint-Georges
PARIS

EXPOSITION PUBLIQUE

Le Mardi 22 Décembre 1908, de deux heures à six heures

CONDITIONS DE LA VENTE

Elle sera faite au comptant.

Les adjudicataires paieront *dix pour cent* en sus des enchères.

Paris. — Imp. de l'Art, Ch. Berger, 41, rue de la Victoire.

DÉSIGNATION

DESSINS ANCIENS

BOUCHER

(Attribué à FRANÇOIS)

1 — *Moïse sauvé des eaux.*

Dessin à la pierre d'Italie.

Haut., 30 cent.; larg., 23 cent.

LEONI

(Le Chevalier OCTAVE)

2 — *Portrait d'une Jeune Princesse.*

Les cheveux relevés, frisés et ornés d'une plume rouge, une fraise autour du cou.

Crayon noir rehaussé de sanguine et de blanc.

Haut., 22 cent.; larg., 16 cent.

(*Collection de la princesse Mathilde. Vente du 17 mai 1904, n° 4.*)

PARIZEAU

(EDME-GRATIEN)

3 — *Jeune Femme et fillette assises.*

Signé et daté : *1780.*

4 — *Deux Femmes et un petit garçon.*

Signé et daté : *1778.*

Deux dessins à la sanguine dans le même cadre.

Haut., 18 cent. ; larg., 23 cent.

(*Collection Beurdeley. Vente des 12, 14 et 15 mars 1905, n° 193.*)

ROBERT

(HUBERT)

5 — *Ruines avec colonnades animées de figures.*

Aquarelle.

Haut., 34 cent. ; larg., 23 cent.

TABLEAUX ANCIENS

AMBERGER
(CHRISTOPHE)

6 — *Portrait d'Homme.*

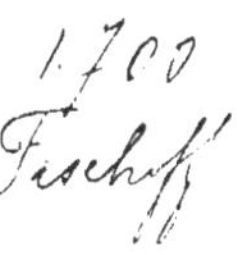

Il est représenté de trois quarts à gauche, jusqu'à mi-corps, debout, en manteau brun garni de vison. Il a la figure fine, les traits émaciés sous le chapeau large qui coiffe ses cheveux châtains. Dans l'écartement du manteau, on voit son pourpoint ouvert sur un plastron à petits plis et à col de dentelle.

De la main gauche, le bras ployé, il tient ses gants; la main droite s'appuie à un rebord de balcon ou de fenêtre.

Fond verdâtre.

Bois. Haut., 56 cent.; larg., 39 cent.

(*Collection Sedelmeyer. Vente du 3 juin 1907, n° 205.*)

ASCH
(JEAN VAN)

7 — *Paysage coupé par une route.*

Bois. Haut., 32 cent.; larg., 42 cent.

BARTOLOMMEO

(FRA, dit BACCIO DELLA PORTA)

8 — *La Vierge, l'Enfant Jésus et saint Jean.*

La Vierge en robe rouge et manteau vert, liseré d'or, qui remonte en capuche sur ses cheveux blonds, voilés de blanc, est assise de face, la tête légèrement inclinée vers l'épaule droite; elle tient dans ses bras l'Enfant Jésus, nu, qui lève la main droite, en un geste de bénédiction, sur la tête frisée de saint Jean, agenouillé de profil à droite, tenant entre ses mains jointes une croix pastorale, et l'épaule nue, dégagée d'une draperie rouge bordée de fourrure. Au-dessus des trois figures s'arrondit l'auréole d'or; derrière la Vierge, on remarque un détail d'architecture composé d'une niche cintrée entre deux colonnes engagées.

Bois. Haut., 94 cent.; larg., 74 cent.

(Collection Sedelmeyer. Vente du 3 juin 1907, n° 85.)

Phototypie Berthaud, Paris

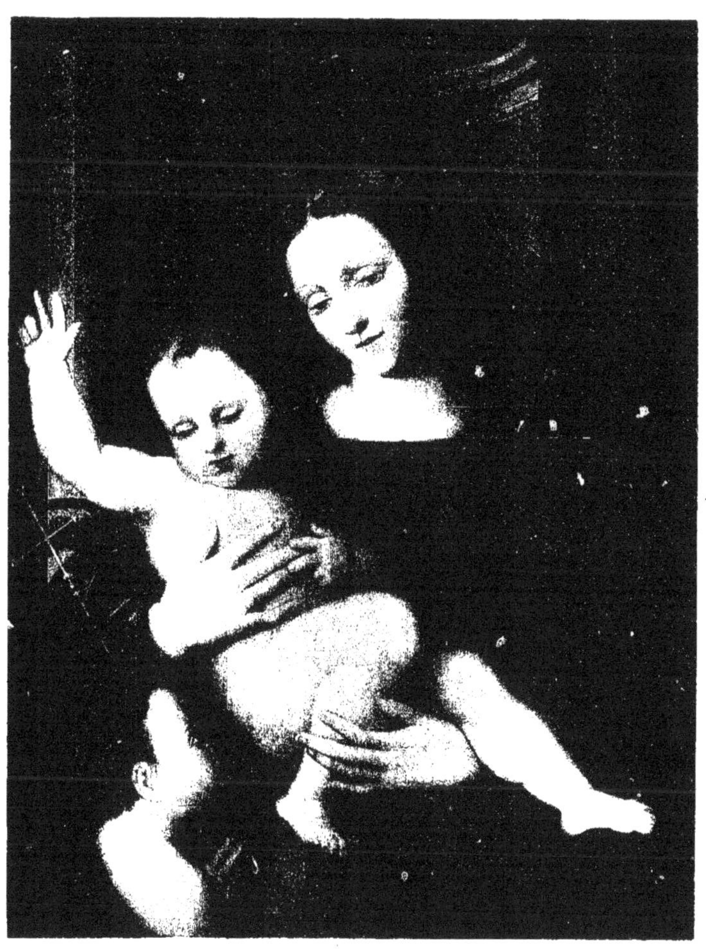

8

4050

Phototypie Berthaud, Paris

BERGHEM

(NICOLAS)

9 — *Paysage avec bergères et animaux au bord d'un cours d'eau.*

Signé à gauche.

Toile. Haut., 86 cent.; larg., 98 cent.

BLOEMEN

(PIERRE VAN)

10 — *Le Camp.*

Des chevaux sont attachés dans un village, près d'une tente. A droite, des cavaliers en cuirasse et une villageoise.

Bois. Haut., 58 cent.; larg., 80 cent.

BOURDON

(SÉBASTIEN)

11 — *Portrait d'un Gentilhomme.*

En buste, vêtu de noir, les cheveux pendant autour du visage.

Bois. Haut., 64 cent.; larg., 47 cent.

BRAKENBURG

(RICHARD)

12 — *La Ménagère.*

Bois. Haut., 22 cent.; larg., 17 cent.

BRONZINO

(Attribué à ALEXANDRE ALLORI, dit le)

13 — *Portraits de François, Ferdinand, Pierre et Isabelle de Médicis, enfants de Cosme Ier.*

Représentés de face, en riches costumes brodés d'or. Un rideau rose est tendu à droite.
Sur le fond, on lit à gauche le millésime : *1551.*

Bois. Haut., 30 cent.; larg., 22 cent.

(*Collection de la princesse Mathilde. Vente du 17 mai 1904, n°* 57.)

BRUANDET

(LAZARE)

14 — *Paysage accidenté avec cours d'eau, figures et animaux.*

Bois. Haut., 33 cent.; larg., 28 cent.

BRUYN

(BARTHÉLEMY DE)

15 — *Portrait d'Homme.*

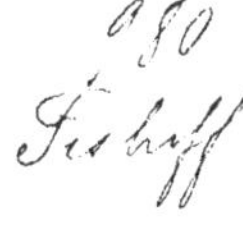

Il est vu de trois quarts à droite, jusqu'à mi-corps, en manteau noir à parements de fourrure sur un pourpoint noir; sa tête aux traits sévères, à la lèvre cruelle, engoncée dans un col ruché blanc et coiffée d'une toque noire sur ses cheveux châtains. Il a la barbe longue formant deux pointes.

De la main droite, le bras ployé, il tient ses gants; la main gauche, le bras ployé également, s'attache, le pouce en dessous, au revers fourré du manteau; il porte deux bagues d'or à l'index gauche.

Fond gris foncé.

En haut, on lit à gauche de la tête : *Anno 1540.*

A droite de la tête : *Ætatis, 29.*

Panneau contourné du haut.

Haut., 46 cent.; larg., 34 cent.

(*Collection Sedelmeyer. Vente du 3 juin 1907, n° 207.*)

2550

CANTARINI

(SIMON)

16 — *Le Christ couvert d'un manteau bleu.*

Toile. Haut., 38 cent.; larg., 28 cent.

CERQUOZZI

(MICHEL-ANGE)

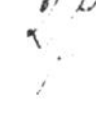

17 — *Fruits sur un dressoir.*

Toile. Haut., 1 m. 12 cent.; larg., 82 cent.

CIMA DA CONEGLIANO

(JEAN-BAPTISTE)

18 — *La Vierge et l'Enfant Jésus.*

Devant une draperie verte qui se soulève, à gauche, sur une campagne montagneuse, au sein de laquelle est construite une ville, la Vierge est assise, de trois quarts, à gauche, en robe rouge, coiffe blanche à broderies d'or, et chlamyde bleue formant capuche, doublée de soie vieil or. Elle tient de ses deux mains l'Enfant Jésus nu, vu de trois quarts, à droite, qui la contemple de ses yeux graves. A gauche, un pan de ciel bleu.

Bois. Haut., 58 cent.; larg., 45 cent.

(*Collection Sedelmeyer. Vente du 3 juin 1907, n° 113.*)

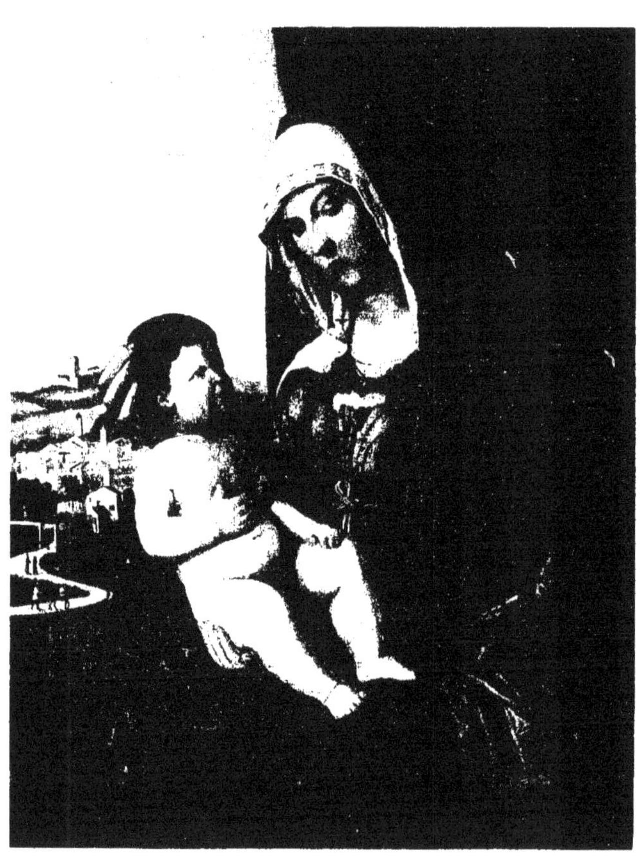

18

1400

Phototypie Berthaud, Paris

COELLO

(SANCHEZ)

19 — *Portrait d'une Jeune Princesse.*

Vue de face, à mi-corps, en robe rose garnie d'une chaîne d'or.

Bois. Haut., 31 cent.; larg., 23 cent.

Cadre en bois sculpté.

COYPEL

(CHARLES)

20 — *Portrait d'Adrienne Lecouvreur.*

Représentée en buste, corsage rose rayé, les cheveux relevés et bouclés ornés de plumes et d'une chaîne de perles.

Toile. Haut., 57 cent.; larg., 48 cent.

Cadre en bois sculpté.

(*Exposition théâtrale 1908, n° 403.*)

DELEN

(THIERRY VAN)

21 — *Entrée de Parc.*

D'élégants personnages sont réunis sur une terrasse. A gauche et au second plan, un palais.

Bois. Haut., 62 cent.; larg., 68 cent.

DESHAYES

(J.-B.)

22 — *Jupiter et Antiope.*

Signé à gauche.

Toile. Haut., 60 cent.; larg. 74 cent.

DIEBOLT

(JEAN-MICHEL)

23 — *Débarquement dans un port.*

Signé à droite.

Bois. Haut., 37 cent.; larg., 45 cent.

DOYEN

(GABRIEL-FRANÇOIS)

24 — *Sujet tiré de l'Histoire romaine.*

Peinture en grisaille.

Toile marouflée. Haut., 41 cent.; larg., 51 cent.

FRANCK

(FRANÇOIS)

25 — *Le Calvaire.*

Cuivre. Haut., 38 cent.; larg., 30 cent.

Cadre en bois sculpté.

GAROFALO

(Attribué à B. TISIO, dit le)

26 — *L'Homme à l'œillet.*

Vêtu de noir, il est représenté à mi-corps, tenant un œillet rouge à la main droite.

Fond de ciel.

Bois. Haut., 37 cent. ; larg., 28 cent.

(*Collection Edwards. Vente du 25 mai 1905, n° 15.*)

GOOD

(THOMAS-SWORD)

27 — *La Leçon de musique.*

C'est le matin, dans la pièce vivement éclairée et meublée de deux chaises et d'une table couverte d'un tapis de velours vert, sur laquelle, soulevé par un pupitre, un cahier de musique est ouvert. Devant la table, debout, une fillette blonde, vêtue de jaune, vocalise ou solfie. Son frère, un peu en arrière, soutient sa voix avec son violon; il est en pantalon, chemise blanche à col souple et mules vertes.

Bois. Haut., 24 cent. ; larg., 1 m. 85 cent.

(*Collection Sedelmeyer. Vente du 16 mai 1907, n° 79.*)

GREUZE

(Attribué à J.-B.)

28 — *La Jeune Fille au miroir.*

Bois. Haut., 38 cent. ; larg., 29 cent.

GRIFF

(ADRIEN)

29 — *Gibier et Chasseur.*

Bois. Haut., 17 cent. ; larg., 25 cent.

Cadre en bois sculpté.

GOYEN

(Attribué à JEAN VAN)

30 — *Village au bord d'un canal.*

Bois. Haut., 36 cent.; larg., 56 cent.

Cadre en bois sculpté.

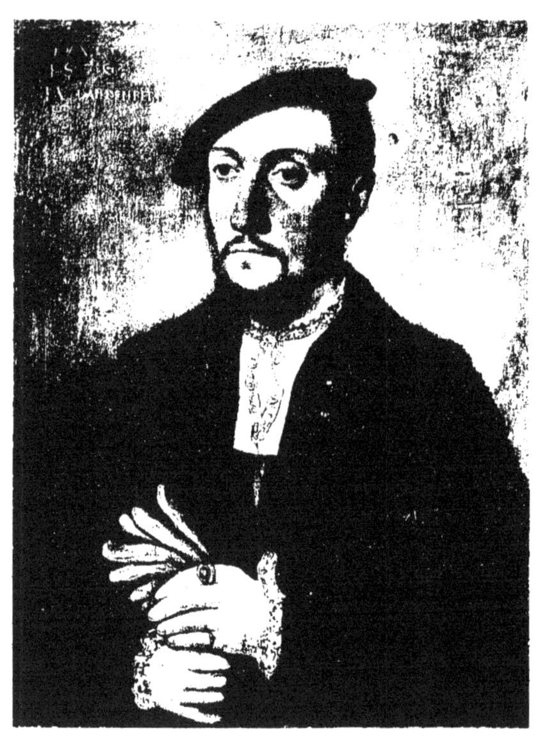

31

1.500

Phototypie Berthaud, Paris

HOLBEIN

(Attribué à HANS, le jeune)

31 — *Portrait de J.-V. Landenbern de Landenberg.*

1.700

Il est représenté de trois quarts à gauche, jusqu'à mi-corps; sa tête sérieuse et calme est coiffée d'une toque noire à plume blanche. Il est vêtu d'un pourpoint noir ouvert sur une chemise blanche à passementerie brodée et d'un manteau noir. Il a des manches bordées au poignet d'une étroite dentelle. Les mains sont posées l'une sur l'autre, la main gauche tenant des gants, et l'annulaire, ainsi que l'index, ornés de bagues d'or à chatons de pierreries.

A gauche, en haut, sur le fond clair, on lit : *1536, J.-V. Landenbern.*

Toile. Haut., 34 cent.; larg., 25 cent.

(*Collection Sedelmeyer. Vente du 3 juin 1907, n° 226.*)

6.000

HOLBEIN

(École de HANS)

32 — *Portrait d'Homme.*

Vu de face, le visage imberbe, vêtement et bonnet noirs, les deux mains à hauteur de la ceinture, la droite tenant un gant.

Bois. Haut., 23 cent.; larg., 29 cent.

JORDAENS

(JACOB)

33 — *Les Deux Sœurs.*

Deux jeunes filles blondes, coiffées de boucles et de nattes, en corsages décolletés : l'une, vue de profil à droite, est vêtue d'un costume de soie vieil or sur une chemise blanche et porte des perles enfilées autour du cou; l'autre, vue de trois quarts à droite, est vêtue d'un costume bleu-vert, et sa main vient s'arrondir près de la poitrine. Toutes deux lèvent les yeux et contemplent un spectacle ou un objet qu'on ne voit pas et qui provoque sur leur émotivité sentimentale une sorte d'extase. Leurs deux têtes se silhouettent sur un fond de draperie rouge rosée.

Toile de forme ovale. Haut., 51 cent.; larg., 39 cent.

(Collection Sedelmeyer. Vente du 3 juin 1907, n° 28.)

LAAR

(PIERRE DE)

34 — *Le Repos des Bergers.*

Une bergère filant, deux pâtres et un enfant sont réunis à droite, gardant un troupeau de chevaux et de vaches, près d'un rocher embroussaillé.

Bois. Haut., 62 cent.; larg., 53 cent.

LA FOSSE

(CHARLES DE)

35 — *Flore et Zéphyre.*

Esquisse.

Toile. Haut., 31 cent.; larg., 25 cent.

LAGRENÉE

(LOUIS)

36 — *Un Sacrifice.*

Signé à droite.
Toile cintrée dans la partie supérieure.

Haut., 1 m. 3 cent.; larg., 82 cent.

LAJOUE

(JACQUES)

37 — *L'Astronomie.*

Composition allégorique.
Signée à droite.

Toile. Haut., 57 cent.; larg., 1 m. 13 cent.

LEBRUN

(Attribué à CHARLES)

38 — *L'Assomption de la Vierge.*

Toile de forme ronde.

Diam., 90 cent.

Cadre en bois sculpté.

LEFEBVRE

(Attribué à CLAUDE)

39 — *Portrait d'un Prince en armure.*

Toile de forme ovale. Haut., 65 cent.; larg., 55 cent.

Cadre en bois sculpté.

LE PRINCE

(JEAN-BAPTISTE)

40 — *Un Baptême.*

Esquisse.

Toile. Haut., 71 cent.; larg., 90 cent.

Cadre en bois sculpté.

LIPPI

(École de FRA-FILIPPO)

41 — *La Vierge en Adoration.*

De trois quarts à gauche, la tête penchée en avant, un voile blanc sur ses cheveux roux, les mains jointes, en robe rouge et chlamyde bleue bordée d'une broderie d'or, la Vierge est en adoration devant Jésus, nu, couché sur des bottes d'épis. Sur sa chlamyde, près de l'épaule, la Vierge porte une étoile et des larmes brodées d'or. A gauche, un saint Jean, vu de face, en chlamyde rouge et la croix pastorale appuyée contre l'épaule gauche, prie également, les mains jointes. Au-dessus de leurs têtes s'arrondit l'auréole d'or. Les figures se silhouettent à droite sur une muraille, à gauche sur un paysage montagneux.

Bois. Haut., 74 cent.; larg., 43 cent.

(*Collection Sedelmeyer, vente du 3 juin 1907, n° 144.*)

LORRAIN

(École de CLAUDE GELÉE dit le)

42 — *Bateaux à l'entrée d'un Port.*

Toile. Haut., 72 cent.; larg., 1 m. 18 cent.

MANS

(F.-H.)

43 — *Les Bords du Rhin.*

De nombreux villageois montés dans des bateaux, et des chaumières sur les deux rives du fleuve.

Bon tableau, signé en toutes lettres et daté : *1683.*

Toile. Haut., 50 cent.; larg., 64 cent.

MARTIN

(PIERRE)

44 — *Épisode des guerres de Flandre.*

Esquisse.

Toile. Haut., 26 cent.; larg., 34 cent.

MOLENAAR

(NICOLAS)

45 — *Le Retour de la Pêche.*

De nombreux personnages sont réunis sur la plage de Scheveningue, des marins étalent leurs poissons sur le sable ou le portent dans un panier.

Bois. Haut., 37 cent.; larg., 55 cent.

MORALÈS

(LOUIS DE)

46 — *Le Christ portant la Croix.*

Il est représenté en buste, les épaules couvertes d'un manteau de couleur violacée, la tête penchée sur la gauche, les yeux baissés et semblant accablé par le poids de son fardeau.

Bois. Haut., 36 cent.; larg., 31 cent.

Cadre en bois sculpté.

OSTADE

(Attribué à ISAAC VAN)

47 — *Villageois au seuil d'une chaumière.*

A gauche des porcs devant une cabane.

Bois. Haut., 38 cent.; larg., 53 cent.

PEYROTTE

(XVIIIe siècle)

48 — *Panneau décoratif.*

Auprès d'une fontaine, un singe, assis devant un amas de fruits, tire par l'aile un héron. A droite, deux oiseaux.

Toile. Haut., 48 cent.; larg., 1 mètre.

(*Vente Shiff, 21 mars 1805, n° 65*)

PILLEMENT

(JEAN)

49 — *Marine.*

Au premier plan, des pêcheurs; dans le fond, des montagnes enveloppées de brumes.

Signé à gauche.

Toile. Haut., 57 cent.; larg., 75 cent.

POL

(CHRÉTIEN VAN)

50 — *Pêches et Raisins.*

Bois. Haut., 32 cent.; larg., 38 cent.

POURBUS

(Attribué à FRANÇOIS)

51 — *Portrait d'Homme âgé.*

En buste, longue barbe blanche.

Bois. Haut., 32 cent. ; larg., 23 cent.

RAOUX

(JEAN)

52 — *Jeune Femme coiffée d'un turban.*

Vue à mi-corps, en robe jaune décolletée, regardant vers la gauche, elle porte un collier de perles autour du cou.

Toile. Haut., 65 cent.; larg., 54 cent.

RIGAUD

(École de HYACINTHE)

53 — *Portrait de Femme.*

Vue à mi-corps, tenant une fleur sur son corsage.

Toile. Haut., 74 cent.; larg., 58 cent.

RUISDAEL

(Attribués à SALOMON)

(DEUX PENDANTS)

54-55 — *Bords de rivière.*

Bois. Haut., 14 cent.; larg., 18 cent.

SAFTLEVEN

(HERMAN)

56 — *Les Bords du Rhin.*

Toile. Haut., 28 cent.; larg., 42 cent.

STELLA

(JACQUES)

57 — *Moïse sauvé des eaux.*

Toile. Haut., 57 cent.; larg., 90 cent.

Cadre en bois sculpté.

SWEBACH

(ÉDOUARD)

58 — *Une Course d'obstacles.*

Signé au centre.

Toile. Haut., 19 cent.; larg., 30 cent.

TENIERS LE JEUNE

(DAVID)

59 — *Le Marchand de cochons.*

A gauche, l'étable aux cochons, en contre-bas de la pièce commune, où l'on se tient à la ferme. Au milieu, le marchand et l'acheteur ainsi qu'un troisième personnage sont debout, et, pour marquer le marché conclu, acheteur et marchand vont se frapper dans la main; à droite, au premier plan, des choux et des carottes dans une brouette, un coquemar de terre, une bassine de cuivre à confitures sur une futaille, un balai appuyé contre un billot, une cruche de terre à couvercle d'étain, une baratte à beurre placée sur un autre tonneau et dans laquelle plonge un tablier bleu chiffonné. Au fond, dans la salle commune, la fermière, tout en faisant sauter des crêpes, le gamin et la fillette tout en mangeant, suivent attentivement les phases du marché qui se conclut. Contre le mur, des instruments de cuisine sont placés sur une planche ou sur un buffet; à droite, un garçon de ferme sort par la porte tenant un pichet à la main; à gauche, au-dessus de la cloison de l'étable à pourceaux, le mur est percé d'une étroite fenêtre.

2 550

Signé en bas à droite : D. Teniers F.

Bois. Haut., 59 cent.; larg., 88 cent.

(*Collection Sedelmeyer. Vente du 3 juin 1907, n° 51.*)

5 700

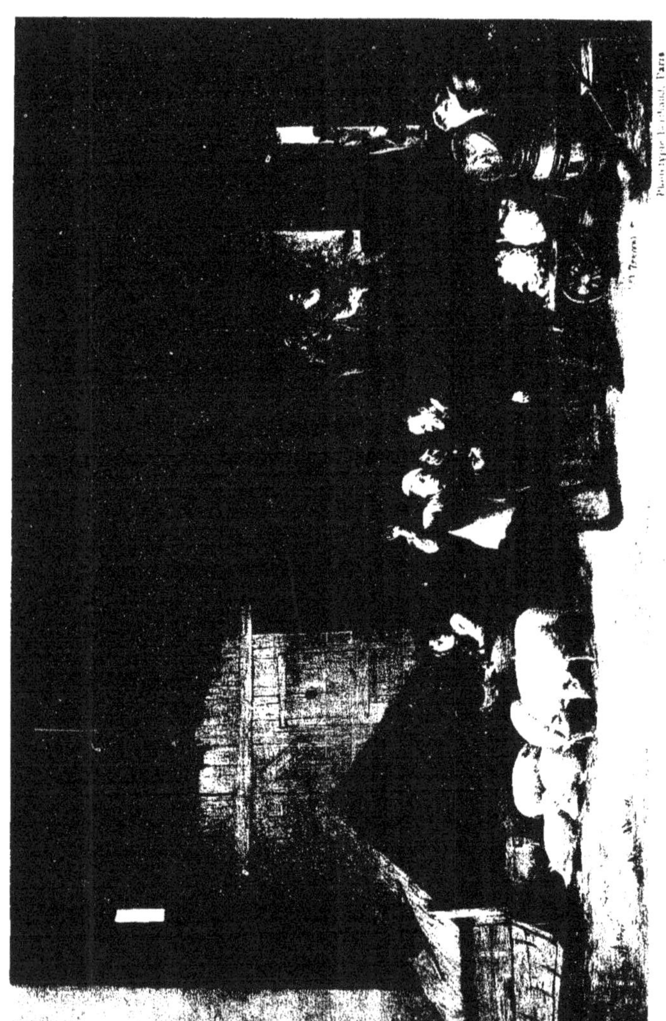

TENIERS LE JEUNE

(DAVID)

60 — *Le Concert improvisé.*

Dans la salle, aux murs dénudés, les voilà qui s'adonnent au plaisir de la musique et il faut croire que leurs harmonies ne sont pas trop désagréables, puisque, pour les écouter, un bonhomme paraît, à gauche, dans la porte ouverte, et que deux autres se montrent à droite, dans le rectangle de la petite fenêtre dont le volet est à demi écarté. Au milieu, les exécutants sont groupés. L'un, vu presque de dos, à gauche, en habit marron clair et grand chapeau à plume, joue de la cornemuse; il est assis sur un escabeau. L'autre, vu de profil, à gauche, coiffé de ses longs cheveux blonds et vêtu de marron avec des bas roses, joue de la vielle; il est assis sur une chaise de bois au dossier de laquelle il a suspendu son chapeau; il a le torse penché en avant et le pied droit posé du talon, la pointe levée sur une brique. Enfin, de l'autre côté d'une table couverte d'un tapis vert, deux chanteurs aux faces joviales, l'un coiffé d'un béret rouge, l'autre d'un béret vert foncé, chantent et leur musique est déroulée sur un pupitre. A gauche, au premier plan, sur une futaille et sur un billot, on a jeté des manteaux violacés et verts et un feutre gris à larges bords.

Bois. Haut., 37 cent.; larg., 60 cent.

(*Collection Sedelmeyer. Vente du 3 juin 1908, n° 58.*)

TERBURG

(Attribué à GÉRARD)

61 — *Jeune Femme épluchant des fruits.*

Assise dans un intérieur, elle porte une coiffe noire et une pèlerine de même couleur, sur un corsage jaune bordé de fourrure.

Un compotier de fruits est posé sur une table couverte d'un tapis bleu. Au second plan, une fillette debout, en chapeau à plumes.

Bois. Haut., 36 cent.; larg., 30 cent.

TOL

(Attribué à DOMINIQUE VAN)

62 — *La Femme du Banquier.*

Effet de lumière.

Toile. Haut., 30 cent.; larg., 22 cent.

TOURNIÈRES

(ROBERT)

63 — *Portrait de Jeune Femme.*

Représentée à mi-corps, les cheveux poudrés ornés d'une rose, elle porte un corsage de satin gris perle et une draperie bleue posée sur le bras droit.

Toile. Haut., 70 cent.; larg., 57 cent.

TOURNIÈRES

(ROBERT)

64 — *Gentilhomme dans un parc.*

Toile. Haut., 32 cent.; larg., 24 cent.

Cadre en bois sculpté.

TOURNIÈRES

(Attribué à ROBERT)

65 — *Portrait de Femme.*

Vêtue d'une robe de brocart, un manteau bleu doublé d'hermine posé sur les épaules, elle caresse un petit chien assis sur un coussin rouge.

Toile. Haut., 1 m. 24 cent.; larg., 98 cent.

TROY

(FRANÇOIS DE)

66 — *Portrait de Jeune Femme.*

Les cheveux blonds ornés de fleurs, elle porte un corsage rouge entouré d'une draperie noire.

Toile de forme ovale. Haut., 62 cent.; larg., 50 cent.

VANUCCI

(PIETRO, dit IL PERUGINO)

67 — *Sainte Famille.*

Au milieu, la Vierge, debout, en costume rouge, le col dégagé, et chlamyde bleue à doublure verte, tient assis sur un rebord de balcon, de profil à gauche et nu, l'Enfant Jésus qui lève la main droite pour bénir et tient de la main gauche un épi de blé. A droite, saint Joseph est vu de trois quarts à gauche, vêtu de jaune et de gris. A gauche, deux bergers, légèrement en arrière, vêtus de gris et de rouge, regardent l'Enfant avec mélancolie. Au fond, un paysage montagneux. Au-dessus des têtes de la Vierge, de Jésus et de saint Joseph, s'indiquent légèrement des auréoles d'or.

Bois. Haut., 76 cent.; larg., 56 cent.

(Collection Sedelmeyer. Vente du 3 juin 1907, n° 186.)

VLEUGELS

(NICOLAS)

68 — *Jeune Femme et Amour.*

Toile. Haut., 24 cent.; larg., 22 cent.

VLIEGER

(SIMON DE)

69 — *Marine par un temps d'orage.*

A droite, un bateau à voiles est jeté contre un rocher.

Bois. Haut., 36 cent.; larg., 56 cent.

VOS

(MARTIN DE)

70 — *Le Christ au roseau.*

Peinture sur bois.

Haut, 36 cent.; larg., 28 cent.

WATTEAU

(Genre de)

71 — *Le Singe artiste.*

Bois. Haut., 35 cent.; larg., 26 cent.

WYNANTS

(JEAN)

72 — *Paysage au bord d'une rivière.*

Au premier plan, sur une route, des cavaliers et des personnages au repos.

Bois. Haut., 50 cent.; larg., 68 cent.

ÉCOLE ALLEMANDE

(XVIe siècle)

73 — *L'Annonciation.*

Bois. Haut., 23 cent.; larg., 18 cent.

ÉCOLE ESPAGNOLE

(XVIIe siècle)

74 — *La Vierge portant l'Enfant Jésus.*

Toile marouflée.

Haut., 36 cent.; larg., 25 cent.

ÉCOLE ESPAGNOLE

75 — *Saint Antoine de Padoue adorant la Vierge et l'Enfant Jésus.*

Toile. Haut., 64 cent.; larg., 46 cent.

Cadre en bois sculpté.

ÉCOLE FLAMANDE

(XVIe siècle)

76 — *La Vierge, l'Enfant Jésus et saint Jean-Baptiste.*

Fond de paysage avec rochers et constructions.

Bois. Haut., 1 mètre; larg., 86 cent.

ÉCOLE FLAMANDE

(XVIe siècle)

77 — *La Vierge allaitant l'Enfant Jésus.*

Couverte d'un manteau rouge, elle est assise devant un monument de pierre sculpté orné de bronzes.

Peinture sur bois.

Haut., 35 cent.; larg., 29 cent.

ÉCOLE FRANÇAISE

(XVIIe siècle)

78 — *Portrait de Charles d'Albert de Luynes.*

Il est représenté à mi-corps en armure avec le grand cordon bleu.

Toile. Haut., 73 cent.; larg., 62 cent.

ÉCOLE FRANÇAISE

(XVIIIe siècle)

79 — *La Querelle au cabaret.*

Dans une campagne, près d'une tonnelle, deux soldats retenus par un marmiton et plusieurs jeunes femmes sont près d'en venir aux mains.

Bois. Haut., 15 cent.; larg., 21 cent.

Cadre en bois sculpté.

ÉCOLE FRANÇAISE

(XVIIIe siècle)

80 — *Amour en buste.*

Bois. Haut., 49 cent.; larg., 40 cent.

ÉCOLE FRANÇAISE

(XVIIIe siècle)

81 — *Portrait d'Homme debout dans un parc.*

Toile de forme ovale. Haut., 38 cent.; larg., 30 cent.

ÉCOLE HOLLANDAISE

(XVIIe siècle)

82 — *Portrait de Femme en buste.*

Coiffée d'un bonnet blanc, une large fraise autour du cou, elle porte un corsage brodé d'or.

Bois. Haut., 43 cent.; larg., 35 cent.

ÉCOLE HOLLANDAISE

83 — *Portrait d'un Gentilhomme.*

Assis dans un fauteuil, tourné de trois quarts vers la droite, il est représenté à mi-corps, une main relevée à la hauteur de la ceinture, les cheveux pendant sur le cou, la barbe en pointe tombant sur une fraise tuyautée, un ample manteau noir sur un pourpoint de même couleur à boutons d'or.

On lit en bas et à gauche : « *Æt. 48, 1621. H.* »

Toile. Haut., 72 cent.; larg., 58 cent.

Cadre en bois sculpté.

ÉCOLE ITALIENNE

84 — *La Vierge glorieuse.*

Toile. Haut., 1 m. 02 cent.; larg., 92 cent.

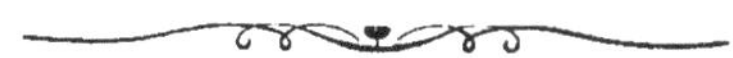

www.ingramcontent.com/pod-product-compliance
Ingram Content Group UK Ltd.
Pitfield, Milton Keynes, MK11 3LW, UK
UKHW021316190726
13839UKWH00007B/1896